Friedrich von Preußen

Tischreden des Weltweisen zu Sans - Souci

Friedrich von Preußen

Tischreden des Weltweisen zu Sans - Souci

ISBN/EAN: 9783743308473

Hergestellt in Europa, USA, Kanada, Australien, Japan

Cover: Foto ©ninafisch / pixelio.de

Manufactured and distributed by brebook publishing software (www.brebook.com)

Friedrich von Preußen

Tischreden des Weltweisen zu Sans - Souci

Tischreden
des
Weltweisen
zu
Sans-Souci.

✳✳✳✳✳✳✳✳✳✳✳✳✳✳✳✳✳

1761

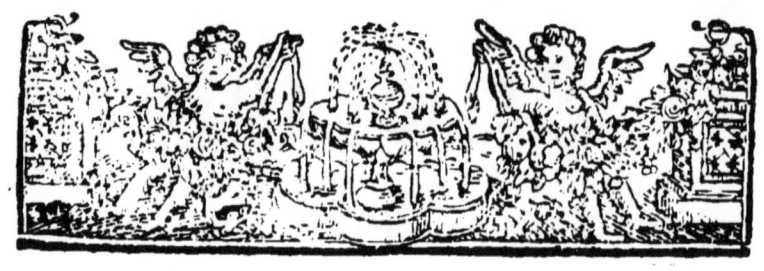

Vorrede.

Derjenige, mit dem meine Feder sich in diesen Blätter zu beschäftigen die Ehre haben wird, verdienet den Namen eines Weltweisen aus mehr als einer Ursache. Einer seiner Ahnen, der ehrliche Churfürst Johan muste sich den Beynamen Cicero aufdringen lassen. Fragt man warum, so heist es, wegen seiner angebohrnen Beredsamkeit. Ich habe aber kein ander Beispiel von dieser Beredsamkeit in der Geschichte antreffen können, als daß er einmal mit einem ziemlich starken Corps d'Armee drey

drey streitige Könige zu einem Vergleich beredete. Eine solche Beredsamkeit war in der That werth, daß man ihm deswegen den Namen Cicero beylegte.

Es ist wahr, der Weltweise zu Sans-Souci hat seinen Herren Gegnern bisher solche Schlüsse in Ferio vorgelegt, daß sie noch immer nicht recht wissen, ob sie sich den Majorem oder Minorem beweisen lassen wollen. Diese seine bisher noch unüberwindliche Logik würde allein schon hinlänglich seyn, den Namen eines Philosophen zu rechtfertigen, den man ihm geben könte und bereits schon gegeben hat. Dem ohnerachtet getraue ich mich, zu beweisen, daß er ihn auch in derjenigen Bedeutung verdienet, in welcher man ihn gemeiniglich zu nehmen pflegt; nur bitte ich mir dabey aus, daß man sich unter dem Namen eines Philosophen kein solches hieroglyphisches Gespenst vorstelle, welches mit einer langen buchsbäumernen Perrüque, einer grossen Halskrause und einem armsdicken Stabe, wie die theure Zeit auf den Gassen herumschleicht, und mit niemand ausser mit sich selbst zufrieden ist. Ein solcher Philosoph ist der Weltweise zu Sans-Souci freilich nicht, und Dank sey es dem Schicksal, daß er es nicht ist!

Salomo, der weise Salomo sagte, nachdem er von allem gekostet hatte: Es ist eitel! es ist alles eitel! Dies sagte er mitten unter dreyhundert Weibern und siebenhundert Kebsweibern. Salomo war ein Philosoph; aber bey dem allen hatte er doch kein Dorf erobert, noch ein einiges Husarenscharmützel gewonnen. Der Weltweise zu Sanssouci hat auch mehr als einmal gesungen: Es ist eitel!

Es ist alles eitel! Dies sang er, nachdem er ganze Staaten erobert, so viele Schlachten gewonnen hatte und sich ringsumher von mächtigen Feinden umringt sahe, die er noch alle zu schlagen willens war. Wer ist wohl von beyden der gröste Philosoph?

Ohne meine Leser in der Entscheidung dieser Frage vorzugreifen, wil ich nur noch sagen, daß es mich wirklich recht sehr wundert, wann man nicht schon lange Tischreden von ihm herausgegeben hat. Seine Feinde sowohl als die Buchhändler haben sich seiner Lande, seiner Gedichte und seines Namens bisher überaus gut zu Nutze zu machen gewust; und bey dem allen ist noch niemand auf den Einfal gerathen, durch eine Ausgabe seiner scharfsinnigen Aussprüche und Urtheile einen christlichen Profit zu erwischen und die
müs-

müssige Welt zugleich um einige Stunden zu bringen, die ihr bey den jetzigen Kriegszeiten ohnehin lang genug werden. Diese Nachläßigkeit ist unverantwortlich. Die Tischreden des Philosophen zu Sanssouci verdienten, meiner Meinung nach, wohl eben so gut gesamlet zu werden, als die Tischreden des Socrat, des Alphonsi und Luthers.

Um indessen den Herrn Schriftstellern und Verlegern zu zeigen, wie ein solches Werkgen ohngefehr eingerichtet werden könte, so wil ich ihnen hier eine kleine Probe davon liefern. Ich bin eine geraume Zeitlang in der Schule dieses Philosophen gewesen, und ich schmeichle mir an den bisher erfochtenen Siegen keinen geringen Antheil zu haben. Wenigstens wäre die Schlacht bey Torgau ohne mich gewis nicht gewonnen worden. Ich war aber bey dieser letztern ziemlich hitzigen Disputation so unglücklich, daß einer unsrer Opponenten mir einen so ungezogenen Syllogismum entgegen setzte, der mir ein lahmes Bein zuwege brachte. Weil ich nun in der Schule dieses grossen Dialectikers nichts mehr Nutze bin, so habe ich mich zur Ruhe begeben, und meine einige Beschäftigung ist nunmehr, seine witzigen Einfälle und scharfsinnigen Denksprüche meiner Seele wieder vorzupredigen, die ich bisher wenigstens durch die dritte Hand zu hören Gelegenheit gehabt. Diese wenigen Bogen sind eine Probe davon.

Weil es aber jetzo Krieg ist, und ich mir habe sagen lassen, daß die Herren Kunstrichter und Wortklauber eben so wenig friedfertig denken, als die grossen Herren und Soldaten; so mus ich mich, ehe ich mei-

meinen Kram auslege, vorher noch eines Umstands wegen in Sicherheit setzen. Dieser Umstand ist der Titel Tischreden, den man um Gottes willen nicht nach dem Buchstaben nehmen muß, als wenn sie gerade alle bey der Tafel dieses Weltweisen zur Welt geboren worden. In Luthers Tischreden kommen Gespräche vor, die der ehrliche Mann mit dem Teufel auf dem Abtrit geführet hat; und dennoch hat der Herausgeber derselben kein Bedenken getragen, ihnen den Namen der Tischreden beyzulegen. Man wird hier keine Gespräche auf dem Abtrit antreffen; aber um so viel eher hoffe ich, wird man mich dieses Titels wegen unangefochten lassen.

Wenn diese Probe gut aufgenommen wird, so wird mich solches vielleicht aufmuntern, der Welt nicht nur mit einem Paar Folianten von dieser Art ein Compli-

pliment zu machen, sondern auch die Tischreden anderer Generalen zu samlen, die
nunmehr seit fünf Jahren wider uns zu
fechten die Ehre gehabt haben. Ich
kan meine Leser zum voraus versi-
chern, daß sie ungemein artig und er-
baulich zu lesen seyn werden.   B...
1761.

Tischreden
des
Weltweisen
zu
Sans-Souci.

Da mir in der Schule dieses Weltweisen die Ordnung beynahe zur andern Natur geworden ist: so wird man mir auch nicht übel nehmen, wenn ich in diesem Werkgen die Zeitfolge zum Grunde lege, um nicht das hundertste in das tausendste zu mischen. Ich fange daher mit demjenigen Kriege an, der gleich nach der angetretenen Regierung dieses Weltweisen der Welt zeigte, was für Meisterstücke sie einmal von ihm zu gewarten haben würde. Ob dieser Krieg gerecht war, oder nicht, das gehet mich nichts an, gehöret auch in keine Sammlung von Tischreden. Genug, sobald der König in Preussen beschlossen hatte, zur Ausführung seiner Rechte auf Schlesien die Waffen zu ergreifen, so wurden auch die Anstalten dazu mit einer solchen Geschwindigkeit gemacht, die alle Vorstellungen übertraf und uns schon so oft vortheilhaft gewe-

gewesen ist. Der Zug gieng 1740 mitten im December in dasjenige Land, welches unsern Scheitel mit Lorberkränzen schmücken solte. Man wolte in unsre Fahnen den Denkspruch setzen: Pro Deo et Patria. Allein der König strich Pro Deo weg, und sagte: „man müste „den Namen Gottes nicht so in die Streitigkei„ten der Menschen mischen. Der Krieg betreffe „eine Provinz, nicht aber die Religion.„ Das Regiment Garde bekam bey dieser Gelegenheit statt der Fahne einen massiven römischen Adler von Silber, der auf einem vergoldeten Stabe getragen wurde. Dieser Adler setzte die Preussen in die Nothwendigkeit, unüberwindlich zu seyn. Um aber auch in andern Stücken den alten Römern zu gleichen, hielt der König eine Anrede an seine Generale und Officiers, die so lautete:

„Meine Herren!

„Ich betrachte euch nicht als meine Unter„thanen, sondern als meine Freunde. Die „brandenburgischen Truppen haben sich je„derzeit durch ihre Tapferkeit hervorge„than und bey verschiedenen Gelegenhei„ten Proben ihres Muths abgeleget. Ich „werde bey allen Unternehmungen mit zu„gegen seyn. Ihr werdet vor meinen Au„gen fechten, und ich will mehr wie ein Va-
vter

„ter, als Oberherr diejenigen belohnen,
„welche sich durch ihren Eifer in meinen
„Diensten hervorthun werden.

Als der König in Schlesien einrückte, glaubte die ganze Welt, er wäre schon mit Frankreich einstimmig, aber die ganze Welt betrog sich. Der König gestand nachmals selbst, daß er viel gewagt habe; allein er sahe zum voraus, daß Frankreich eine so schöne Gelegenheit, das Haus Oesterreich zu schwächen, nicht aus den Händen lassen würde. Indessen wusten die französischen Ministres anfänglich nicht, wie sie mit dem Könige dran waren. Der französische Gesandte zu Berlin, der Marquis von Beauveau, gab seine Verwunderung über die kriegerischen Bewegungen der Preussen zu verstehen, und fragte, ob sie wider Oesterreich oder Frankreich gerichtet wären. Er bekam weiter nichts zur Antwort, als: Je vais, je crois, jouer votre jeu; si les as me viennent nous partagerons. Ich werde, wie ich glaube, euer Spiel spielen. Wenn ich die As bekomme, so wollen wir theilen. Dies war der ganze Anfang einer damahls noch ziemlich weit entfernten Unterhandlung zwischen den Höfen zu Versailles und Berlin.

Die

Die Unternehmungen hatten inzwischen in Schlesien ihren Anfang, und in wenig Monathen war diese ganze Provinz in preußischen Händen. Hierauf erfolgte 1741. den 10ten April die Schlacht bey Molwitz, wo die preußischen Trouppen sich mit ihren ersten Lorbern schmückten. Der König legte hier die deutlichsten Proben seiner persönlichen Herzhaftigkeit ab. Er war jederzeit in dem grösten Feuer gegenwärtig und rufte dem rechten Flügel, der anfänglich weichen wolte, zu mehrern Mahlen zu! Ihr Brüder! Preussens Ehre! Eures Königes Leben! Dieses hatte die gehofte Wirkung. Preussens Ehre und seines Königes Leben wurden an diesem Tage des Blutvergiessens gerochen. Der König befand sich anfänglich bey der Artillerie, auf welche die Oesterreicher ihre meisten und grösten Kanonen gerichtet hatten, um solche unbrauchbar zu machen. Als einmal ein paar Kugeln ihm so nahe kamen, daß er ganz mit Koth bespritzet wurde, sagte er mit dem ihm so eigenen kalten Blute zu einem Officier von der Artillerie: renvoyez ces boulets aux ennemis; je ne veux rien avoir à eux. Schicket diese Kugeln wieder zum Feinde zurück. Ich mag nichts mit ihnen zu thun haben.

Nach dieser Schlacht gaben sich die Seemächte alle nur ersinliche Hülfe, den Frieden zwischen den Höfen zu Wien und Berlin wieder herzustellen. König Friedrich war selbst nicht ungeneigt dazu, er wolte aber Niederschlesien behalten, und dazu wolte sich die Königin von Ungarn durchaus nicht verstehen. Diese unglückliche Königin muste sogar aus Wien flüchtig werden, und in Presburg Sicherheit suchen. Sie erklärte aber vor ihrer Abreise ausdrücklich, daß sie lieber das äusserste über sich ergehen lassen, als in die Abtretung des geringsten Stücks von Schlesien willigen wolte. Diese Standhaftigkeit wurde von der gantzen Welt bewundert. Selbst König Friedrich sagte davon gegen einen Minister, der seiner Vertraulichkeit gewürdiget wurde: "Ich sehe mit Bedauren die Unbe-
"weglichkeit der Königin von Ungarn, und
"die Neigung ihres Ministerii. Aber ich
"schmeichle mir, daß man meine Meynung
"für gerecht halten werde. Meine Gerechtsame sind dergestalt erwiesen, daß auch die
"zuvor am meisten dawider eingenommenen
"Personen sie gegenwärtig nicht in Zweifel ziehen können. Ich habe nichts vergessen um
"den Vergleich zu erleichtern. Ich habe meine Anforderungen sehr gemässiget. Ich ha-
"be gar in einer Jnaction bleiben wollen, da

B "ich

„ich doch mit Vortheil hätte agiren können.
„Ich glaube also nicht, daß man mir mit
„Recht die Schuld der üblen Folgen geben
„werde."

Je unvermeidlicher der Untergang der Königin von Ungarn zu seyn schien, desto mehrern Muth bezeigte sie in den allergrösten Widerwärtigkeiten. Sie flohe aus Wien nach Presburg; hier versammelte sie die vier Stände, nahm ihren ältesten Prinz, der fast noch in der Wiege war, auf den Armen, und redete die Ungarn folgendergestalt an: „Verlassen von meinen Freunden, verfolgt von „meinen Feinden, angegriffen von meinen „nächsten Verwandten, habe ich keine andere „Zuflucht als zu eurer Treue, zu eurem Muth „und zu meiner Standhaftigkeit. In eure „Hände werfe ich die Tochter und den Sohn „eurer Könige, die von euch ihre Wohlfarth „erwarten." Alle versammelten Ungarn geriethen hierüber in Wuth, zogen ihren Säbel und schryen: Moriamur pro Rege nostro Maria Theresia. Man muß wissen, daß sie ihrer Königin jederzeit den Titel eines Königs beylegen. Alle Anwesende vergossen Thränen, und die Königin allein hielt sie aus Standhaftigkeit zurück. Kurz vorher hatte sie an die Herzogin von Lothringen geschrieben:

ben: "ich weiß noch nicht, ob mir eine Stadt "übrig bleiben wird, meine Wochen daselbst "zu halten."

Weil nun alle Hofnung zu einem Vergleich verschwand, so ließ sich der König inzwischen zu Breßlau huldigen. Der 3te August war dazu angesetzt, und der Text, worüber geprediget werden solte, war aus 1 Timoth. Kap. 2. v. 1. und 2. genommen. Ich kan nicht umhin, bey dieser Gelegenheit einen merkwürdigen Umstand mit anzuführen; ob er gleich in keine Samlung von Tischreden zu gehören scheinen möchte. In den breslauischen Zeitungen nemlich, waren diese Texte bekannt gemacht. Es war aber durch einen Druckfehler das Punctum zwischen den beyden Ziffern 1 und 2 aus der angezogenen Stelle des Briefes an Timotheum weggelassen, und folglich der 12te Vers daraus gemacht worden, welcher so lautet: **Einem Weibe gestatte ich nicht, daß sie lehre, auch nicht, daß sie des Mannes Herr sey, sondern stille sey.** Dis machte anfänglich ein grosses Aufsehen, bis man es in den folgenden Zeitungen verbesserte. Diese Zeitungen wurden damals in der Druckerey der Jesuiten gedruckt, die auch die Correctur davon besorgten.

Hierauf erfolgte 1742 den 12ten May die Schlacht bey Chotusitz und Czaslau, nach welchem der König die Franzosen im Stiche ließ, und den breslauer Frieden mit der Königin einging. Frankreich hat über die sogenante Untreue des Königs damals, und noch nach der Zeit, so viel geschryen, und die wahren Umstände dieser Begebenheit sind bisher noch so wenig bekant worden, daß ich nicht umhin kan, solche etwas umständlicher zu erzählen; zumal da solche um mehr als einer Ursache willen in eine Samlung von Tischreden gehören.

Der König, der, als er von dem Prinz Carl angegriffen wurde, sich nicht stark genug zu seyn glaubte, der ganzen österreichischen Armee Widerstand zu leisten, drung einmal über das andere in die nicht weit davon stehende französischen Generale, sich mit ihm zu vereinigen, und ihm zu Hülfe zu kommen. Aber umsonst; die Marschälle von Broglio und Bellisle sahen es sehr gleichgültig an, wie der König mit der ganzen österreichischen Armee im Gefechte war. Dis ist ausgemacht und kan nicht in Zweifel gezogen werden. Hierzu kam noch ein Umstand, der nicht weniger gewiß ist. Ein vornehmer österreichischer Officier wurde in dieser Schlacht tödtlich verwundet,

wundet, und von den Preußen gefangen. Der König besuchte ihn, und tröstete ihn auf das gnädigste und menschenfreundlichste. Der Officier wurde dadurch gerührt, und sagte zu dem Könige: "Sire, warum kan ich Denen=
"selben meine Erkentlichkeit nicht an den Tag
"legen, für die Aufmercksamkeit, die Ew.
"Majestät für mich bezeugen! Ich wolte ru=
"hig sterben, wenn ich Sie nur vorher über=
"zeugen könte, mit was für Aliirten Sie zu
"thun haben. Ja, Sire, sie suchen nichts,
"als nur Ew Majestät zu betrügen." Der König wolte solches durchaus nicht glauben, aber der Officier fuhr fort: "Wenn es Ew.
"Majestät erlauben wollen, so will ich einen
"Courier nach Wien schicken, und ich hoffe,
"die Königin werde sich nicht weigern, mir
"einen aufgefangenen Brief anzuvertrauen,
"den sie in Händen hat, und der ein Beweis
"desjenigen ist, was ich Ew. Majestät ver=
"sichere; indem darin dem Marschall von
"Broglio ausdrücklich verboten wird, Ihnen
"zu Hülfe zu kommen, oder Sie in irgend
"einer Sache zu unterstützen." Der König war solches zufrieden; der Courier gieng ab, und brachte den Brief im Original mit, der Friedrich 2 die Augen völlig öfnete, und verursachte, daß er sich von dieser Zeit an nicht mehr auf Frankreich verlies.

Als daher die Schlacht bey Czaslau vorgefallen war, und die französischen Marschälle glaubten, daß sich der König seinen Sieg recht zu Nutze machen würde, geschahe gerade das Gegentheil. Friedrich blieb in seinem Lager unbeweglich, und als Prinz Carl hierauf auf die Franzosen losgieng, und dicht neben dem preußischen Lager vorbey muste, ließ man ihn ruhig ziehen, ohne die geringste Bewegung dagegen zu machen. Dies machte den Broglio aufmerksam, er schrieb an seinen Hof. Man hatte aber in Versailles nicht die geringste Achtung darauf, weil man sich auf die Scharfsinnigkeit des Belleisle zu sehr verließ. Und dieser glaubte nichts weniger, als daß der König in Stande wäre von der französischen Partie abzugehen. Er schrieb an den Cardinal Fleury, der Argwohn des Marschalls von Broglio wäre höchst ungegründet; niemand wäre getreuer gegen Frankreich, als der König von Preussen. Dies Zutrauen war nachdem, was vorher gegangen war, ein wenig stark. Weil aber der König nicht die geringste Bewegung machte, die bedrängten Franzosen in Böhmen zu retten, so verfügte sich der Marschall von Belleisle in eigener Person in das preußische Lager. Man kan sich leicht vorstellen, wie erstaunt er muß geworden seyn, als er

von

von dem Könige die Antwort bekam: Mein
Herr Marschall, ich habe alles gethan,
was ich gekont. Der Herr Marschall
von Broglio muß nunmehr das übrige
thun. Er hat neulich Ursache gefunden,
sich der Vereinigung mit mir zu entzie-
hen, und ich habe deren nunmehr meines Theils ganz unvermeidliche, welche
nicht gestatten, zu ihm zu stossen. Das
Erstaunen des Marschalls wurde noch grös-
ser, als er in dem Cabinet des Königs den
vorhingedachten aufgefangenen Brief des
Cardinals von Fleury liegen sahe. Er er-
bitterte sich so darüber, daß er bey dem Her-
ausgehen seine Perrüque in der Antichambre
auf die Erde warf, sie mit Füssen trat, und
dabey sagte: Die verfluchte Mütze (er
meynte damit den Purpurhut des Cardinals)
muß uns doch immer Unglück bringen!

Hierauf währete es nicht lange, so ward
der zwischen Preussen und Oesterreich im Ju-
lio geschlossene Friede ruchbar. Der alte
Cardinal von Fleury hatte schon den 25.
Junius Nachricht davon erhalten. Er lies
sogleich die Staatssecretarios zusammen kommen, die damals der Marquis von Bre-
teuil, Herr Amelot, und der Graf von
Maurepas waren. Er ersuchte sie, sich
zum

zum Könige zu verfügen, bey welchem er sich bald darauf selbst einfand, und so zu reden anfieng: "Die noch so wohl überlegten Un-
"ternehmungen schlagen dennoch öfters durch
"Zufälle fehl, welche alle menschliche Klug-
"heit nicht vorher sehen kan, und man muß
" auch die Hand des Allerhöchsten erkennen,
"welcher nach seinem Willen die Dinge auf
"der Welt, wie sie geschehen sollen, anord-
"net." Bey diesem Eingang fiel ihm der allerchristlichste König in die Rede, und sprach:
"Ihr habt allem Ansehen nach eine schlimme
"Zeitung anzubringen; worin besteht sie?"
Der Cardinal antwortete: "Sire, es ist der
"Abtrit des Königs in Preussen." Der König versetzte darauf mit Heftigkeit: "Meine
"Armeen sind also verlohren. Nein Sire,
"antwortete der Cardinal, Ew. Majestät kön-
"nen versichert seyn, daß dero kluge Ge-
"rals, die davon bey Zeiten benachrichtiget
"worden, für alles gesorgt haben werden,
"und es sind noch Mittel fürhanden, diesen
"Streich abzuwenden, der nur in Ansehung
"der Umstände empfindlich ist. Morgen
"wollen wir auf Mittel und Wege sinnen, die
"zu ergreifen sind."

Inzwischen gerieth die französische Armee durch den Abtrit des Königs von Preussen in
die

die allerbetrübtesten Umstände, wovon ich sogleich noch ein paar Anecdoten beybringen will. Hier will ich nur noch anmerken, daß, als die Tractaten zwischen dem König und der Königin ihre Richtigkeit hatten, der König an alle seine Generals im Hauptquartier zu Kuttenberg ein grosses Tractament gab, und bey dem ersten Trunke während der Tafel die Worte sprach: Meine Herren, ich verkündige euch, daß gleichwie ich niemals die Absicht gehabt, die Königin von Ungarn zu unterdrücken, ich den Schlus gefasset, mich mit dieser Prinzessin zu vergleichen, und die Vorschläge anzunehmen, welche sie mir zur Gnugthuung meiner gehabten Rechte gethan hat. Der König nahm hierauf das Glas und trunk es auf die Gesundheit der Königin von Ungarn, und auf die glückliche Versöhnung mit ihr aus, worauf er auch die Gesundheits des Grosherzogs von Toscana und seines Bruders mit den Worten tranck: Auf die Gesundheit des tapfern Prinzen Carls! Und damit war der Friede geschlossen.

Um diese Zeit trug sich eine Begebenheit zu, die zu drollig ist, als daß ich sie mit Stilschweigen übergehen könte. Während der

Zeit, daß die preußischen Truppen in dem Lager zu Kuttenberg die müßigsten Tage von der Welt hatten, wurde ein Officier unter denselben mit heftigen Zahnschmerzen geplaget, daher er in ein benachbartes Städtgen gieng, sich von einem berühmten Wundarzt die schadhaften Zähne ausreissen zu lassen. Der preußische Officier stieg in einem Gasthof ab, und lies den Chirurgum dorthin holen. Bey seiner Ankunft fand er einen französischen Officier in der Stube sitzen, welcher sehr vornehm that, aber durch seine überaus schwarze Wäsche zeigete, daß das Wasser und die Seife in seinem Quartier ziemlich rar seyn müsse. Der preußische Officier kam sehr sauber und reinlich herein getreten. Dies gab dem Franzosen Gelegenheit zur Spötterey, zumal da das Mistrauen zwischen beyden Armeen bereits ziemlich algemein geworden war. Der Franzose machte sich mit dem Preussen dem Scheine nach bekant; sie trunken, weil der Wundarzt eine Zeitlang ausblieb, eine Bouteille Wein mit einander, wobey der Franzos die Gesundheit seines Königes ausbrachte, und dabey eine von seinen alten schmuzigen Manschetten abriß, und zum Fenster hinauswarf. Der Franzos fuhr fort, dem Preussen die Gesundheit seines Marschalls zuzubringen, und machte dabey der andern Manschette eben

den

denselben Proces. Der Preuſſe muſte Ehren halber nachfolgen. Indeſſen dauerte ihn doch ſeine Wäſche, und er ſann auf Rache. Kaum trat der Wundarzt in die Stube, ſo ſagte nunmehr der preußiſche Officier: Revange, Monſieur! Er brachte hierauf die Geſundheit ſeines Königs aus, und ſagte dabey: Zahn aus! ſetzte ſich auch ſogleich hin, und lies ſich den ſchmerzhaften Zahn ausziehen. Der Franzos machte ein paar entſetzliche Augen, als er ſahe, daß es ſo hergieng. Es half aber nichts; der Preuſſe drang auf Revange, und der Franzoſe muſte ſeinen Zahn hergeben, ob er ihm gleich nicht ſchmerzte. Gleich darauf brachte ihn der Preuſſe auch die Geſundheit des Prinzen Leopolds von Anhaltdeſſau, mit eben den erſchrecklichen Worten: Zahn aus! der ſchadhafte Zahn wurde herausgeriſſen, und der Franzos muſte aller Complimente ohnerachtet wieder einen geſunden dagegen hergeben. Zu ſeinem Glücke kam er diesmal mit zwey Zähnen davon, weil dem Preuſſen nicht mehr als zwey ſchmerzhaft waren.

Die franzöſiſche Armee ſahe inzwiſchen alle Wetter des Unglücks über ſich zuſammen ſchlagen. Der gröſte Theil derſelben hatte Böhmen räumen müſſen, bis auf ein Corps, mit

mit welchem sich der Marschall von Broglio in Prag warf, wo er eine der allerbeschwerlichsten Belagerungen ausstehen muste, die wohl nur jemals eine Besatzung ausgehalten hat. Als der König von Frankreich die Nachricht von der ungemein bedenklichen Stellung des Marschalls erhielt, fieng er überlaut an zu lachen und sagte: "Wir wollen doch sehen, wie der Marschall von Broglio diesen Streich ausparien wird." Er parirte ihn nach Beschaffenheit der Umstände vortreflich aus. Der König von Preussen lies sich bey dieser Gelegenheit gegen den Herrn von Voltaire verlauten: Si le Maréchal de Broglie se tire de ce pas-là, il merite bien une Ode de votre Façon. Wenn sich der Marschall von Broglio hier herauswickelt, so verdienet er schon eine Ode von eurer Arbeit.

König Friedrich sahe inzwischen gelassen zu, wie die übrigen im Krieg begriffenen Mächte alle Abwechselungen des Glücks erführen. Er hatte das beste Theil erwählet: Er hatte Schlesien bekommen und Frieden gemacht. Weil indessen die Bedrückungen, die Kaiser Carl 7 von seinen Feinden erdulden muste, auf das höchste stiegen, so konte der König den Unglücksfällen dieses Monarchens

chens nicht länger gleichgültig zusehen. Der König gieng mit einer starcken Armee nach Böhmen, und nunmehr bekam alles eine gantz andere Gestalt. Als die Königin von Ungarn von diesem Einfal Nachricht erhielt, sagte sie: "Gott weis mein Recht, er wird mich "wohl beschützen, wie er bisher gethan hat." Ein bekanter General lies sich zu gleicher Zeit gegen die Königin verlauten: "Wir können "bey dermaligen Umständen freylich dem Kö= "nige in Preussen nicht verwehren, daß er "sich des Königreichs Böhmen bemeistere. Wie "lange er es aber behalten wird, das ist eine "andere Frage." Es scheint, als wenn diese Prophezeiung damals so ziemlich eingetroffen. Die Eroberung von Prag war das erste, wodurch der König diesen Feldzug bekant machte, aber diese Stadt wurde auch so bald wieder verloren, als sie war eingenommen worden. Hierauf folgte 1745 den 4. Junii der berühmte Sieg bey Hohenfriedsberg. Wenig Tage vor der Schlacht schickte der allerchristlichste König den Ritter de la Tour an den preußischen Monarchen, ihm die Nachricht von dem Siege bey Fontenoy zu überbringen. Nachdem er sich seines aufgetragenen Geschäftes entlediget hatte, bat er ihn, ihm zu erlauben, daß er noch eine Zeitlang bey seiner Armee bleiben möchte. Sie

wol=

wollen also sehen, antwortete der König, wer Schlesien behalten wird? Nein Sire! erwiederte der Herr de la Tour, ich will nur ein Zeuge von demjenigen seyn, was Ew. Majestät thun werden, Dero Feinde zu züchtigen und ihre Unterthanen zu vertheidigen.

Auf den Sieg bey Hohenfriedberg folgte der Sieg bey Sor den 30. September, und im November die Niederlage der Sachsen bey Großhennersdorf. Bey diesem letztern Vorfall muß man den Sachsen den Ruhm widerfahren lassen, daß sie mit vielem Muth und Entschlossenheit gefochten. Ein Beweis davon sind die eignen Worte des Königs, der in einer Relation von dieser Begebenheit ihnen das Lob gab: Die Sachsen haben mit so vieler Tapferkeit gefochten, daß, wenn ihre treulosen Alliirten ihnen beygestanden hätten, der Sieg noch zweifelhaft gewesen seyn würde. Er zielte hiermit auf die Oesterreicher, die nicht weit davon standen, aber unbeweglich wie die Bildsäulen blieben, und nicht die geringste Bewegung machten, ausser daß sie hernach nach Böhmen flohen, welches sie mit einer solchen Geschwindigkeit thaten, als wenn sie Flügel hätten. Der König schrieb nach dieser

ser Begebenheit folgenden laconischen Brief an den Fürsten von Anhalt: J'ai frapé mon coup en Lusace. Frapez le votre à Leipsic, & je compte de vous revoir à Dresde. Ich habe meinen Streich in der Lausitz ausgeführet. Volführet den eurigen in Leipzig! so hoffe ich euch in Dresden wieder zu sehen. Kaum hatte der Fürst den Brief erhalten, so machte er alle Anstalten, die sächsischen um Leipzig stehenden Truppen zu vertreiben. Er verjagte sie von hier, und bahnete sich den Weg zu der berümten Schlacht bey Kesselsdorf.

Nach diesem blutigen Treffen hielt der König als Sieger, aber als ein bescheidener Sieger, seinen Einzug in Dresden. Hier bezog er den Pallast des Fürsten Lubomirsky, begegnete den Prinzeßinnen und Dames mit vieler Leutseligkeit, und legte den sächsischen Truppen vieles Lob bey. Er wandte sich hierauf zu den Dames. Ich sehe wohl sagte er, daß, so sehr sie sich auch stellen, mich gern zu sehen, sie mich doch noch lieber weit von hier wünschen werden. Meine Abreise hängt von dem Könige in Polen ab; ich bin nach Sachsen gekommen, den Frieden zu erbitten, und man hat Krieg führen müssen. Ich wünsche

sche weiter nichts, als ihn zu endigen weil ich überzeugt bin, daß das Schicksal der Waffen nur die Dauer eines Tages hat, ich aber weit entfernt bin, zu glauben, daß mein Glück dauerhaft seyn werde. Indessen wird man doch den Unterschied sehen, der zwischen meinen und den feindlichen Truppen ist; und ob ich gleich versichert bin, daß, wenn man in meine Staaten gekommen wäre, man alles mit Feuer und Schwerd verheeret haben würde: so werde ich dennoch den geringsten Exceß, den meine Truppen hier begehen solten, auf das härteste bestrafen lassen. Die Gräfin von Watzdorf wolte die Partey der sächsischen Truppen nehmen. Ich glaube wohl, Madame! unterbrach sie der König, daß an den Orten, wo sich der Herr Graf von Rutowsky befunden haben würde, dergleichen nicht vorgefallen wäre. Die Höflichkeit und edle Denkungsart dieses Generals ist mir zu gut bekant, als daß ich dergleichen Argwohn auf seine Kosten schöpfen solte. Würde er aber wohl, Madame! Herr über die Ulanen, Bosniaken und österreichische Truppen gewesen seyn? Urtheilen sie davon aus ihrer Aufführung in Baiern, Schlesien und Sachsen

selbst

selbst/ welches sie doch zu beschützen gekommen waren. Die Gräfin wuste nichts
hierauf zu antworten. Die Ausschweifungen
der Armee des Generals Grüne und des Prinzen Carls waren noch in zu frischem Andenken,
als daß man sie so bald hätte vergessen können. Der hierauf erfolgte Friede machte allen diesen Bedrückungen ein Ende.

Schon vorher hatte das bisherige Misver-
ständniß, welches zwischen den Höfen zu
London und Berlin geherrschet hatte, an-
gefangen, sich in eine glückliche Harmonie
zu verwandeln. Da inzwischen die Regie-
rungsart beyder Völker himmelweit un-
terschieden ist, so ist es kein Wunder, daß
auch ihre Denkungsart voneinander in vielen
Stücken abweicht. Wenig Jahre vor dem
Ausbruch des gegenwärtigen Kriegs kam einer von denjenigen stolzen Engländern, die man
Olde Britons nennet, auf seinen Reisen nach
Berlin, und machte dem Könige seine Aufwartung, der sich ein paar Minuten mit ihm
unterredete. Der Monarch tadelte in dieser
Unterredung die britannischen Gesetze, die
die Unterthanen berechtigen, die Waffen wider ihren Oberherrn zu ergreifen. Der Brit-
te suchte die Verfassung seines Vaterlandes zu
rechtfertigen. O, versetzte der König, wenn
ich

ich König von England wäre, so wolte ich nur in einem Jahre - - Aber Sire, unterbrach ihn der Engländer mit vieler Freymüthigkeit, bey ihrer Denkungsart würden Sie nicht einen Tag König von England bleiben.

Ich übergehe die Zeit, da König Friedrich von 1746. bis 1756. seine Unterthanen als ein Vater und Weltweiser in Frieden regierete, und zu Sans-Souci, diesem wirklich königlichen Lustschlosse, welches er sich nach seiner eigenen Erfindung bauen lassen, und es 1748. bezog, in den Armen der Ruhe sich mit den Wissenschaften vergnügte, die von den Königen nur zu oft verachtet werden. Die zehen Jahre des Friedens und der Glückseligkeit sind für eine vollständigere Sammlung von Tischreden aufbehalten. Ich will mich nur zu demjenigen Krieg verfügen, der die Völcker Europens noch jetzt drücket, und worin König Friedrich die ihm eigenthümliche Standhaftigkeit und Gleichgültigkeit seiner Seele bey mehr als einer Gelegenheit blicken lassen.

Das erste, was in diesem Kriege vorgieng war der Einfall der preußischen Trouppen in Sachsen und die Uebernehmung der ganzen sächsischen Armee. Die ganze Welt weis, unter was für Umständen solches geschahe. Als die

die eingeschlossenen Sachsen in ihrem Lager auf das äusserste gebracht waren, hielten die Generals in demselben einen Kriegsrath über den andern; aber es kam immer nichts anders heraus, als man müsse sich ergeben. Das Resultat des zweyten Kriegsraths überbrachte der Generalmajor von Gersdorf in Gegenwart des Königs von Polen dem Premierminister von Brühl, von welchem es hierauf verlesen wurde. Der König brach im währenden Lesen zu verschiedenen mahlen in die Worte aus: „Mein Gott, woran denken sie? Wol-
„len sie denn meine Armee aufopfern, ohne
„einen einzigen Schuß zu wagen? Die Ge-
„nerals werden grosse Ehre davon haben.
„Sollten sie nicht dencken, daß sie ihren guten
„Namen dadurch verlieren? Ist es wohl
„erlaubt, sich also aufzuführen? Und warum
„wollen sie nicht meinen Befehlen gehorsa-
„men? Fehlt es ihnen vielleicht an Muth zu
„fechten? Der General antwortete darauf:
„Keinesweges, allergnädigster Herr, allein
„die Folgen davon wären gewesen, daß so vie-
„le brave Leute ihr Leben eingebüsset hätten,
„ohne Ew. Majestät den geringsten Vortheil
„dadurch zu verschaffen. Was habe ich da-
„von, versetzte der König, wenn sie sich
„samt der ganzen Armee zu Kriegsgefangenen
„ergeben? Es hätte uns mehr Ehre gebracht,
„wenn

„wenn zwey Drittheile auf dem Platze geblie-
ben wären." Der General Gersdorf fuhr
fort dieselben Entschuldigungen zu machen,
und wendete unter andern den Mangel an
Kriegsmunition vor, wodurch Se. Majestät
um so viel mehr aufgebracht wurden, weil
man sie immer versichert hatte, daß noch so
viel Pulver da wäre, daß jeder Soldat 120.
Schüsse thun könnte. Allein der General
versicherte, daß nicht mehr als 60. Ladungen
auf jeden Mann vorhanden wären. Der König antwortete hierauf, daß man seinem Befehl auf solche Art schlecht nachgelebt hätte,
und daß bey dem allen 60. Patronen auf jeden Soldaten schon genug wären. Nach geendigter Verlesung erzählte der Generalmajor, daß gleich bey seiner Abreise der General
Winterfeld angelanget sey, um mit dem Feldmarschall Rutowsky die Bedingungen zu verabreden. Mit der äussersten Verwunderung
hörte der König diese Nachricht an, und gab
endlich dem General Gersdorf den Befehl,
daß er den übrigen Generals sagen sollte, wie
Se. Majestät keinesweges entschlossen wäre,
die geringste nachtheilige Bedingung einzugehen, und sie sollten auch keine von ihm erwarten. Er sollte ihnen also nur sagen, daß der
König fest darauf bestünde, den Feind anzugreifen; daß er lieber sterben und zugleich mit
ihnen

ihnen sein Leben einbüssen, als eine solche Schande überleben wolte. Es sey ganz unerhört, daß eine Armee, ohne einen Schuß zu thun, das Gewehr strecken solte. Das nachfolgende Schicksal dieser Armee hat endlich gewiesen, ob dieser Plan thunlich gewesen wäre oder nicht.

König Friedrich durchwandelte inzwischen die dornigte Laufbahn mit aller ihm eignen Grösse der Seele. Zu Loboschitz und Prag erndeten seine Helden ganze Wälder von Lorbern ein. Aber der letzte Ort war es auch, wo sie einen ihrer würdigsten Helden verloren. Schwerin riß in dieser blutigen Schlacht einem Fähndrich die Fahne aus der Hand, und gieng mit solcher vor seinem Regiment her und munterte sie auf, die Ehre ihres Königs zu rächen. Kaum war er auf diese Art zwölf Schritte gegangen, als ihn ein Cartätschenschus zu Boden stürzte. Der General Manteufel nahm die Fahne und gab sie dem Fähndrich wieder, der aber auch den Augenblick getödtet wurde. Inzwischen folgte auf Schwerins Tod der Sieg. Der König gieng nach der Schlacht selbst auf den Platz, wo dieser würdige Greis noch in seinem Blute auf dem Bette der Ehren lag. Er betrachtete ihn schweigend, die Thränen stiegen

gen ihm in die Augen, und er brach endlich in die Worte aus: In dir habe ich meinen Vater verlohren!

Nach der unglücklichen Schlacht bey Collin schrieb der königliche Philosoph an den Milord Marschall, Gouverneur von Neuschatel: Das Glück hat mir diesen Tag den Rücken zugekehret. Ich hätte mir dies vermuthen sollen. Es ist ein Frauenzimmer, und ich bin nicht galant. Es erkläret sich für die Damen, die mit mir Krieg führen. In Wahrheit, ich mußte mehr Infanterie haben. Das Glück, mein lieber Lord, flösset oft ein schädliches Zutrauen ein. Drey und zwanzig Bataillons waren nicht hinlänglich, 60000. Mann aus einem vortheilhaften Posten zu treiben. Ein ander Mahl wollen wir unsere Sachen besser machen. Was sagen sie von diesem Bündniß, welches blos auf den Marggrafen von Brandenburg sein Absehen hat. Wie sehr würde der grosse Friedrich Wilhelm erstaunen, wenn er seinen Enkel mit den Russen, Oesterreichern, fast ganz Teutschland und hunderttausend Mann französischer Hülfstrouppen im Handgemenge sehen solte. Ich weis nicht, ob es mir ei-

eine Schande seyn wird unterzuliegen: aber das weis ich gewis, daß es keine grosse Ehre seyn wird, mich zu überwinden. In einem andern Schreiben, so dieser Monarch nach der Schlacht bey Lissa an die Kayserin Königin eigenhändig ablies, druckt er sich von diesem ihm unglücklichen Tage folgender Gestalt aus: = = und ohne der Schlacht vom 18. Junius, wo mir das Glück zuwider war, würde ich vielleicht Gelegenheit gehabt haben, Ihnen meine Aufwartung zu machen; es kan seyn, daß wider meine Natur Dero Schönheit und Grosmuth den Sieger überwunden, wir aber ein Mittel gefunden hätten, uns zu vergleichen. Das heißt die Schicksale seinem Witze zinsbar machen.

Sich für die bey Collin empfundene Tücke des Glücks wenigstens einigermaßen schadlos zu halten, gieng König Friedrich der vereinigten Reichs= und französischen Armee entgegen, die ihm zu keiner unglücklichern Zeit in den Wurf kommen konte. Sie empfand bey Rosbach seinen Stab Wehe, und ohnerachtet dieser Sieg der Preussen für jene von ungemein nachtheiligen Folgen war, so war er doch mit zu vielen theils lustigen theils ernst=

ernsthaften Auftritten verknüpft, als daß ich mich bey solchem nicht ein wenig aufhalten solte. Als der König bald nach dem Uebergang über die Saale den Tod des tapfern Generals von Winterfeld, und zugleich den schwedischen Einfall in Pommern erfuhr, konte er nicht umhin, in die Worte auszubrechen: Wider die Menge meiner Feinde werde ich schon noch Mittel finden können; aber ich werde wenige Winterfelds wieder antreffen. Der König gieng darauf in Person nach Erfurt, und den 15. Sept. mit dem Prinzen Heinrich nach Gotha. Er fertigte sofort einen von seinen Officiers mit einem Compliment an den Herzog ab, und ließ Sr. Durchlaucht melden, daß er gern das Vergnügen geniessen wolte, mit ihm zu Mittage zu speisen. Dieser Officier traf eben zu der Zeit auf dem Friedenstein ein, als sich der Herzog zur Tafel setzen wolte. Einen Augenblick darauf erschien der König selbst, und sagte, indem er den Herzog umarmte: Ich habe mit Fleiß den Augenblick erwählet, da ich glaubte, daß Ew. Durchlaucht an der Tafel seyn würden, um ohne Umstände empfangen zu werden, und die Mittagsmahlzeit freundschaftlich mit ihnen einzunehmen. So unvermuthet dieser Besuch kam, so gros war die Freude, die er erregte.

regte. König **Friedrich** bezeigte sich die Mahlzeit über ungemein aufgeräumt, und seine lebhaften und geistreichen Gespräche liessen nichts von den grossen schweren Thaten spüren, die seine Seele nächstens zu verrichten willens war. Nachdem er sich von dem ganzen gothaischen Hofe beurlaubet hatte, gieng er wieder zu seiner Armee zurück. Hierauf erfolgte den 19ten das merkwürdige Scharmützel bey Gotha. Der König muste hierauf verschiedener Umstände willen wieder bis Torgau zurückgehen, um die Mark zu unterstützen, in welche inzwischen der General **Haddick** eingedrungen war.

Auf der Durchreise durch Leipzig, welche den 15ten October geschahe, gönnete der König den Musen einen sehr günstigen Blick; wovon dessen Unterhaltung mit dem Prof. Gottschedt ein thätiger Beweiß ist. Der König ließ den deutschen Dichter an dem jetztgedachten Tage, Nachmittags um 3. Uhr, zu sich kommen, und unterredete sich mit ihm von vielerley Materien aus den schönen Wissenschaften, der Historie, den Sprachen und Uebersetzungen, und dis dauerte bis um halb 7. Uhr. Als unter andern auch von der Fähigkeit der deutschen Sprache im Ausdrucke sanfter Leidenschaften und zärtlicher Empfindungen

dungen die Rede war, und der Prof. Gottscheds die Parthey der Deutschen nahm, so schlug der König im Rousseau eine Ode auf, und versicherte dabey, daß es sehr schwer seyn würde, diese Ode mit gleicher Schönheit und Kürze deutsch zu geben. Der leipzigsche Professor erbot sich einen Versuch mit einer Strophe zu machen, und der König schlug ihm dazu folgende vor:

    Sous un plus heureux auspice
    La Déesse des amours
    Veut, qu'un nouveau sacrifice
    Lui consacre vos beaux jours.
    Déjà le buche s'allume,
    L'autel brille, l'encens fume,
    La victime s'embellit,
    L'amour même la consume,
    Le Mystere s'accomplit.

Dem Monarchen das Vorurtheil von der Rauhigkeit unserer Muttersprache zu benehmen, und ihn von ihrer edlen Einfalt und Stärcke in dem Ausdruck der schönen Leidenschaften zu überführen, übersetzte der Prof. Gottsched diese Ode folgendergestalt:

    Mit ungleich glücklicherm Geschicke
    Gebeut die Göttin zarter Pein
    Ihr deine schönen Augenblicke

Zum Opfer noch einmal zu weyhn;
Der Holzstos hebt an aufzugehn.
Der Altar glänzt, des Weihrauchs Düfte
Durchdringen schon die weiten Lüfte,
Das Opfer wird gedoppelt schön.
Durch Amors Gluth ist es verflogen,
Und das Geheimnis wird vollzogen.

Ich zweifle sehr, daß der deutsche Apol seinen Endzweck durch diese Uebersetzung bey dem Monarchen werde erreicht haben. Inzwischen schrieb er ihm doch mit der ihm eigenen Leutseligkeit folgende Antwort zurück: Je vous remercie de la Strophe de Rousseau. Je m'étonne, que vous l'aïez pu rendre en Allemand. Ich danke ihnen für die Strophe aus dem Rousseau. Ich erstaune, daß sie solche in das Deutsche übersetzen können. Herr Gottschedt nahm diese Schmeicheley für Ernst auf, und that sich in den öffentlichen Blättern was rechts darauf zu gute. Ja er vergaß in einem Schreiben an den Herrn Regierungsrath Lichtwehr nicht, sorgfältig anzumerken, daß sich der König bey ihm auch nach seiner Freundin erkundiget habe.

Dem sey nun wie ihm wolle, so verfertigte der König bey dieser Gelegenheit das bekante Gedicht: Le Ciel en dispensant ses dons
u. s. f.

u. s. f. und überschickte es dem Prof. Gottsched Abends um 9. Uhr mit dem Vermelden, daß Se. Majestät des andern Morgens früh um 7. Uhr von Leipzig abgehen würden. Um sich also für die bisher genoßene Ehre zu bedancken, setzte selbiger folgende Zeilen auf, die er auch noch um halb zehen Uhr Abends überschickte:

Den Cäsar dieser Zeit, im Siegen wie im
                      Schreiben,
Ehrt längst das teutsche Musenchor;
Sein eigner Werth hebt ihn empor,
Wie könt ihr Pindus, Ihm die Lorbern schuldig
                      bleiben?
Monarch, den deines Vaters Knecht
Auch ungenant durch manches Lied erhoben,
Ist Dir kein teutscher Reim zu schlecht;
So wird er Dich gewiß bey später Nachwelt loben.
Doch Helden pflanzen Lorberhaine:
Der Dichter blöde Hand bricht Zweige für ihr
                      Haupt;
Dein siegreich Schwerdt ist längst umlaubt,
Und Dein Bewundrer bleibt
                      der Deine.

                      Gottschedt.

Man könte den Namen weglaßen, und ich wolte wetten, es würde kein Kenner der Dichtkunst die handfeste Muse des Herrn Professors in diesen Zeilen verkennen. Der König verließ hierauf Leipzig und dessen Afterapol, und

und gieng nach Torgau; kam aber Mittwochs den 26ten October bereits wieder zurück. Noch denselben Tag erhielt der Profeſſor Gottſchedt Nachmittags um 3. Uhr abermal Befehl, Sr. Majeſtät aufzuwarten. Er gehorſamte, und der königliche Weltweiſe unterhielt ſich eine ganze Stunde mit ihm von den freyen Künſten und ſchönen Wiſſenſchaften; befahl ihm zugleich an, den folgenden Tag um eben dieſe Zeit wieder zu kommen, und etwas von der Arbeit ſeiner Frau mitzubringen. Herr Gottſchedt erſchien, und brachte eine Antwort auf das obengedachte Sinngedichte des Königs mit, die der Monarch vom Anfang bis zu Ende laut herlas; ob ſie gleich einen ganzen Bogen, compres gedruckt, ſtark iſt. Schwerlich würde ein öſterreichiſcher Wachtmeiſterlieutenant dieſe Geduld gehabt haben. Das Geſpräch fiel diesmal vornehmlich auf die berühmteſten franzöſiſchen Tragödienſchreiber, und dauerte bis 8. Uhr, ohnerachtet die Armee denſelben Tag bey Leipzig angekommen war, und der König während der Unterredung mehr als einmal hinausgieng, die nöthigen Ordres zu ertheilen. Die Lebhaftigkeit und Gegenwart des Geiſtes war bey dieſem Monarchen auſſerordentlich, der bedenklichen Umſtände ohnerachtet, worin er ſich damals befande.

Er

Er wuste die Verdienste der vornehmsten Schriftsteller fast aller Nationen auf das genaueste zu bestimmen; er kante den Werth eines Aristoteles, Descartes, Malebranche, Locke, Leibnitz und Wolf, eines Bünau, Bar und Mascow, eines Cicero, Mosheim, Reinbeck und Quandt, eines Virgil, Horaz, Corneille, Racine, Crebillon, Rousseau, Voltaire, Caniz und Pietsch. Kurz, er sprach von den Wissenschaften als ein Meister. Zum Beschluß laß er dem leipzigschen Gelehrten noch eine französische Uebersetzung der 29sten Ode des Horaz im 3ten Buche vor; worin sonderlich die vier letzten Strophen merkwürdig sind: Fortuna saeuo laeta negotio Ludum insolentem ludere pertinax u. s. f. Vielleicht ist dies eben dieselbe Ode, die in dem ersten Theil der poetischen Werke dieses Monarchen unter der Aufschrift **an den Graf von Brühl** bekannt ist. Die vier letzten Strophen des Horaz lauten daselbst so:

„Lerne das unbeständige und flatterhafte
„Glück kennen. Die treulose belustiget sich
„an den grausamsten Unglücksfällen; sie hin-
„tergehet den Weisen wie den Pöbel, und
„spielet trotzig mit der ganzen schwachen
„Welt. Heute verbreitet sie über mein
„Haupt alle ihre Gunstbezeugungen, und
„mor-

„morgen bereitet sie sich schon, sie einem andern zu ertheilen.

„Wird sie ihren seltsamen Unbestand bey „mir aufhören lassen, so soll ihr mein Herz „für das Gute danken, das sie mir erweisen „wird. Will sie aber ihre Gunstbezeugun„gen an einem andern Ort austheilen; so „gebe ich ihr ihre Geschencke ohne Verdruß, „ohne Reue zurück. Voll von einer stärkern „Tugend umarme ich die Armuth, wenn sie „mir zum Heirathsgut nur Ehre und Tugend „mitbringt."

Bisher hatten die Musen einige gnädige Blicke von dem königlichen Weltweisen erhalten; nunmehr verlangte auch Mars sein Opfer. Wem ist wohl die Schlacht bey **Rosbach** unbekant? Und die erfolgte 8. Tage hernach, den 5. November. Das überlegene Genie des Königs schlug hier 70000. Franzosen und Reichstruppen mit ohngefehr 20000. Mann, mit eben der Leichtigkeit, mit welcher er wenig Tage zuvor von denen Wissenschaften gesprochen und ein Sinngedichte verfertiget hatte. Die vereinigte Armee der Feinde war ihres Sieges so gewiß und auf ihre Menge so stolz, daß ihre Feldherren auch höhnisch fragten: „ob man auch Ehre davon „hät-

"hätte, mit einem so kleinen Haufen zu schla-
"gen?" Ihr Plan war: die kleine preußische
Armee in einem Triangel einzuschliessen, ihr
in die Flanque zu fallen, und mit gänzlicher
Verhinderung der Retirade es dahin zu bringen, daß die preußische Armee niedergeschos-
sen, oder der König in dieser Verlegenheit
zu allem, was man ihm vorschreiben würde,
gezwungen werde. Der Prinz von Soubise
hatte so viel Vertrauen auf seine gerechte Sache, daß er auch wenige Stunden vor der
Schlacht einen Courier nach Versailles schickte, und Sr. allerchristlichsten Majestät ver-
sichern lies, daß er bald die Ehre haben würde, den König von Preussen gefangen nach
Paris zu liefern. Der Courier überbrachte
diese Hofnung eben, da der Hof bey Tafel
saß, und die Herzogin von Orleans konte
nicht umhin, hierauf zur Antwort zu geben:
*Das wäre mir lieb; so wüste ich doch,
daß ich in meinem Leben einmal einen
König zu sehen bekäme.* Man kan sich
leicht einbilden, was nach diesem schönen Ver-
sprechen es für einen Eindruck an dem Hofe
des allerchristlichsten Königs gemacht haben
müsse, als wenig Tage darauf ein anderer
Courier eintraf, und die Nachricht von der
Niederlage der Franzosen überbrachte. Der
Prinz

Prinz von Soubise meldete solche selbst in folgendem Briefe an den König:

Sire!

„Ich schreibe Ew. Majestät in der grösten
„Verzweifelung. Dero Armee ist völlig
„geschlagen."

Der König begegnete inzwischen nach seinem erfochtenen Siege den gefangenen Officiers auf das leutseligste, und suchte ihnen ihr Schicksal zu erleichtern. Er sagte zu dem Marquis de Custine, indem er ihm seinen Degen wiedergab: Je ne puis pas m'accoutumer à regarder les François comme ennemis. Ich kan mich noch immer nicht gewöhnen, die Franzosen für Feinde zu halten. In einem Dorfe fand der König nach der Schlacht einen französischen Officier, der an den Kinderblattern krank lag, und sich sogleich zum Kriegsgefangenen unterwarf. Allein der König besaß zu viel Mitleiden und Grosmuth, als daß er ihn in diesen Umständen dafür erkennen solte. Er gab zur Antwort: Ich mache keine Gefangene, als vor der Spitze des Degens. In Merseburg besuchte der Monarch den 9ten November die verwundeten Generals und Officiers, so auf dem dortigen Schlosse verpflegt wur-

wurden. Unter andern widerfuhr diese Ehre auch einem schwer verwundeten Marquis, der auch hernach an seinen Wunden starb. Getrost, Herr Marquis! redete ihn der Monarch an, die heftigsten Schmerzen währen am kürzesten. "O, Sire! rufte hierauf der Marquis aus, "wie weit über"treffen sie den Alexander! Jener marterte "seine Gefangene zu Tode, aber Sie giessen "Oel in ihre Wunden."

Weil ich mich hier in keine weitläuftige Beschreibung dieser Schlacht einlassen kan, so will ich statt deren die Nachricht mittheilen, die der wienerische Hof von dieser Begebenheit bekant machen lies, und in einer Samlung von Tischreden eine vorzügliche Stelle verdienet. "Der Prinz von "Soubise, heist es daselbst, und der Prinz "von Hildburghausen, griffen den König von "Preussen den 5ten November tapfer an; "aber die Nacht übereilte sie, ehe sie mit ihm "fertig werden konten. Sie hielten also für "gut, zurücke zu gehen, und thaten es auch "ohne erheblichen Verlust und ohne verfolgt "zu werden. Sie paßirten die Unstrut, und "zogen sich durch Thüringen zurück, um die "hinter ihnen liegenden Reichslande wider "die gewaltsame Einfälle dieses Königs zu "de=

»decken.« Die Berichte und Schreiben einzeler Personen, die bey diesem Vorfall gegenwärtig gewesen waren, lauteten etwas weniger nachläßig. Ich kan nicht umhin, bey dieser Gelegenheit einer Prophezeiung zu gedenken, die nur alzusehr eingetroffen ist. Als die französische Armee unter Anführung des Prinzen Soubise über den Rhein gieng, nahm sie verschiedene Schweizerregimenter mit, die aber sehr ungerne wider die Deutschen fechten wolten. Unter andern widersetzte sich der Oberste Lochmann mit vieler Freimüthigkeit. Der Prinz von Soubise wurde ungehalten über den Obersten und fragte ihn: »Wozu sind denn die Schweizer nütze?« Der Oberste versetzte geschwind: »Ihren Abzug »zu bedecken, gnädiger Herr! wenn sie sich »etwa zurückziehen solten.« Diese Weissagung stund dem Prinzen nicht an, und der Oberste ward in Verhaft genommen.

Unter andern waren nach dieser Schlacht auch zwey französische Proviantofficiers von den preußischen Husaren gefangen worden. Ihre Befreyung zu erhalten, überreichten sie dem Könige folgendes Gedicht:

Deux François, Commis au Fourage,
Vous le savez, sont Vos captifs,

Et de Vos Housards trop actifs,
Ont essuyé l' affreux pillage.
Ah! plaise à Votre Majesté
De nous rendre la liberté,
Certes, Grand Roi, pour Votre Gloire
De tels captifs sont des Zeros;
Mais en signant leur Demissoire,
Vous graverez dans leur Mémoire,
Qu' en tout *Frederic* est un Heros.

„Zween französische Jourageschreiber sind, „wie Ew. Majestät wissen, Dero Gefangene „und haben von ihren allzugeschäftigen Hu„saren eine erschreckliche Plünderung erlitten. „Ach, möchte es Ew. Majestät gefallen, uns „die Freyheit wieder zu geben. Gewiß, gros„ser König! für Dero Ruhm sind solche Ge„fangene nur Nullen; wenn sie aber ihre Er„lassung unterzeichnen, so werden sie deren „Andencken einprägen, daß Friedrich in al„lem ein Held ist.

Der König gieng nach diesem Siege dem bedrängten Schlesien zu Hülfe. Unterweges kam eine Hiobspost nach der andern an. Zu Grossenhain vernahm er die Uebergabe der Festung Schweidnitz, zu Naumburg an der Queiß die verlohrne Schlacht bey Breslau, bald hernach den Rückzug der bevershen Armee

-mee über die Oder, die Gefangenschaft des Hertzogs, und die Uebergabe der Stadt Breslau.

Eine dieser traurigen Nachrichten wäre schon allein im Stande gewesen, die gröste Standhaftigkeit zu ermüden. Nur König Friederichs Seele ward dadurch nicht erschüttert. Sie strahlte wie eine helle Sonne durch alle trübe Wolken hindurch, machte Plane, und führte sie mit der grösten Gegenwart des Geistes aus. Er zog die wenigen Trümmern der beyerschen Armee an sich, die von 20000 auf 6000 Mann geschmolzen war. Er führete seine Truppen wider die Feinde, und redete seine Generalen zu, „jetzt ihren „Muth und Eifer zu zeigen. Jetzt sey es „Zeit, jetzt erfordere es die Noth, unerschro„cken für das Vaterland zu fechten." Es war keiner, der nicht verlangte, wider seinen Feind angeführet zu werden. Sie zeigten ihre Tapferkeit in der Schlacht bey Lissa den 5ten Decembr. wirklich, und eine Wachtparade von 36000 Mann schlug ein Heer von 80000, und nahm an die 40000 Mann nach und nach gefangen. Der König druckt sich von dieser Schlacht und ihren Folgen in einem Schreiben an die Kaiserin Königin so aus: Sie hatten zwar einige Vortheile in

Schlesien, aber diese Ehre war nicht von langer Dauer, und die letzte Schlacht ist mir des vielen dabey vergoßnen Bluts wegen noch erschrecklich. Ich habe mir meinen Vortheil zu Nutz gemacht, und Breslau wieder eingenommen, wobey ich eine Menge von Gefangenen, und noch dazu von einem sehr hohen Range, gemacht habe. Bey Liegnitz habe ich gezeiget, daß ich kein solcher Tirann bin, für den man mich ausgiebt, und ich hoffe, Schweidnitz auch wieder in meine Gewalt zu bekommen, so daß ich im Stande seyn werde, wieder in Böhmen und Mähren einzurücken.

Der König hielt sein Wort richtig; er eroberte Schweidnitz mit geringem Verlust, fiel in Mähren ein, und belagerte Olmütz. Diese Unternehmung ward auf das geheimeste geführet. Der König verbot gleich nach der Einrückung in Mähren allen Briefwechsel von Neuigkeiten auf sechs Wochen. Er selbst gab in seinen Briefen seinen Soldaten ein Beyspiel von der ihnen befohlnen Verschwiegenheit. Er schloß unter andern einen Brief an den Marquis d'Argens so: Ich wolte euch gern etwas neues schreiben, mein lieber Marquis; es ist aber auf das schärf-

schärffte verboten, in sechs Wochen nicht das geringste von der Armee zu schreiben. Ein anderer seiner Favoriten bekam auf die Zumuthung, ihm doch etwas neues zu melden, zur Antwort: Christum lieb haben ist besser denn alles wissen.

Jederman weiß, was den König zur Aufhebung dieser Belagerung gezwungen. Seine Erblande erforderten seinen Beistand wider die Russen, die allenthalben traurige Fußstapfen ihrer Gegenwart zurück ließen. Der König schlug sie bey Zorndorf, und rächete durch die Niederlage, die sie an diesem Tage erlitten, die Grausamkeit, die sie an der Stadt Cüstrin ausgeübet hatten.

Von dieser Zeit an war das Kriegsglück abwechselnd, und die Göttin des Siegs schmeichelte bald unsren, bald unsrer Feinde Fahnen, bis um die Mitte des 1760ten Jahres, da sie uns gänzlich treulos zu werden schien. Gewiß vor der Schlacht bey Liegnitz sahe es mit uns und unsrer gerechten Sache ziemlich bedenklich aus. Aber unsre Feinde hatten vergessen, daß wir in dergleichen Umständen gerade am unüberwindlichsten sind; Rosbach und Lissa hätten sie indeß daran erinnern sollen. In der Schlacht bey Liegnitz wo Se. Excellenz, der Herr General von Laudohn die Ehre hatte, von uns geschlagen zu werden, fochten unsre Soldaten mit solchem Muth und mit solcher Gegenwart des Geistes, daß auch der König nicht umhin konte, seinen Gefallen darüber mit den Worten an den Tag zu legen: Nun sehe ich einmahl wieder die alten Preussen fechten.

Damit indessen der Herr General Daun über die, seinem Herrn Collegen, dem Herrn General Laudohn erwiesene Gefälligkeit nicht eifersüchtig werden möchte, so befand es der König für gut, nicht lange hernach, bey Torgau auch ihn zu schlagen. Ein berühmter Dichter hat diesen Sieg durch eine Ode an den Fabius verewiget, die zu schön ist, als daß ich sie hier nicht einrücken solte.

Ode
an den Fabius,

Horat.

- - - Quae juga Dauniae
Non decolorauere caedes?

O Fabius, gereut dich nach drey Jahren
Dein glückliches Verziehn?
Wo waren deine Felsen? waren
Die Felsen nicht mehr steil für ihn?

Vergissest du, wie man bey Nacht dem Sieger
Ins müde Lager streift?
Und wie man eine Hand voll Krieger
Mit einem Ocean ersäuft?

Und wie man bundsverwandte Nationen
Bequem zur Schlachtbank schickt,
Indessen man, sein Heer zu schonen,
Von sichrer Höh weit um sich blickt?

Wer nimmt sich nun der Diener armer Staaten,
Der hohen Bassen an,
Und straft den stolzen Potentaten,
Der selbst regieren will und kan?

Wer rächt die Feldherrn, die nach Ehre dürsten,
Nach Beute lüstern sind,
An diesem wunderbaren Fürsten,
Der seine Schlachten selbst gewinnt?

Und, ach! wer rächt die Zunft der schönen Geister,
Nun du geschlagen bist,
An einem Könige, der Meister,
In allen ihren Künsten ist?

Weh deinem Pontifex, der stets die Laien
Mit Wundern hintergeht!
Er kan ja keinen Degen weihen,
Der wider Pallas Helm besteht.

D 5   Ich

Ich erinnere mich bey Gelegenheit dieser Ode an ein anderes vortrefliches Gedicht, welches bey Gelegenheit der Befreyung der Stadt Colberg zum Vorschein kam. Der Verfasser desselben hat eine Ewigkeit verdient, wenn er gleich nichts als diese Ode gemacht hätte. Warum haben die Oesterreicher nicht solche vortrefliche Helden, als die Preussen? ∶ ∶ Weil sie keine so schönen Dichter haben, deren unsterblichen Gesänge sie nach grossen Thaten lüstern machen. ∶ ∶ Oder warum haben die Oesterreicher keine so schönen Dichter als die Preussen? ∶ ∶ Weil sie keine so vortrefliche Helden zeugen, derer grosse Thaten sie begeistern und ihre Saiten stimmen. Hier ist das Gedicht.

Lied
Der Nymphe Persanteis *)
Colberg den 24. September 1760.

Er siegt, mein Perseus siegt! ∶ ∶ Ihr Freudenzähren
Erstickt nicht meinen Lobgesang! ∶ ∶
O Fluthen meines Stroms, erzählt in allen Meeren
Des Drachen Untergang.

Hier, wo der Belt mein Colberg zu verschonen,
Mit Dünen sein Gestad umzieht,

Saß

*) Der Fluß, woran Colberg liegt heißt die Persante.

Saß ich und sang entzückt der horchenden Tritonen
Von meinem Freund ein Lied.

„Er schlug das Raubthier jüngst, das der beschneyte
„Riphäus auf mich ausgespien,
„Als ich verlassen von den Göttern, seine Beute
„Unwiederbringlich schien."

Ich sangs; als ich urplötzlich einen Drachen
Aus blauer Tiefe steigen sah
Mit funfzig aufgerisnen, feuerspeinden Rachen;
Ohnmächtig lag ich da.

Mein Perseus flog in diesem Augenblicke
Herab von seiner Warte, schwang
Sein glorreich Eisen, hielt den Tod im Meer zurücke
Dreymahl neun Tage lang.

Ha, welche Flammenströme schoß die Hyder
Nach seinem Leben? — Endlich fand
Mein Flehn der Götter Ohr, und Waffen fielen nieder,
Da wo mein Gastfreund stand.

So bald ihm Plutons Helm das Haupt verhüllte,
Ihn Hermes Flügel trug, der Speer
Der schrecklichen Minerva seine Rechte füllte,
Stürzt er die Pest ins Meer.

Von meinen Lippen soll sein Lob erschallen;
Ich feyre dankbar meinen Held,
So lang in dieses Hafens Arme Segel wallen
Vom Ostwind aufgeschwellt.

Ihm

Ihm selbst will ich, wenn er den Strand begrüsset,
Auf seine Wege Kalmus streun
Und Muscheln; denn mein Flus ist arm, ein Ambra
fliesset,
Kein Goldsand rollt hinein.

Und du, mein Barde, der du vor den Thoren,
Von deiner mütterlichen Stadt
Einst Lieder lalletest, wenn sie, die dich geboren,
Noch deine Liebe hat:

So singe meinen Liebling, meinen Retter
In jene Laute, die du jüngst
Besaitet hast, in welche du den Kampf der Götter,
Mit den Titanen singst.

Der Sieg bey Torgau machte uns ruhige Quartiere und erhielt uns in dem Besitz von Sachsen. Beydes würden wir sonst wohl schwerlich gehabt haben. Der König hielt sich die gröste Zeit des Winters über in Leipzig auf und beschäftigte sich wiederum zuweilen mit den Musen. Nur war er in der Wahl ihrer Lieblinge diesmahl glücklicher, als vor der Schlacht bey Rosbach. Der Herr Professor Gellert hatte diesmahl die Ehre, sich mit ihm zu unterhalten. In der Mitte des Decembers lies ihn der König zu sich rufen und unterredete sich einmahl von 4 Uhr bis gegen 6 mit ihm von den schönen
Wis-

Wissenschaften, der Litteratur und der Methode, womit er seine Hypochondrie curiret hatte und mit der Herr Prof. Gellert die seinige auch curiren solte.

Das Gespräch war ohngefähr so:

Der König. Ist er der Professor Gellert.

Gellert. Ja, Ihro Majestät.

Der König. Der Englische Gesandte hat mir viel guts von ihm gesagt. Wo ist er her?

Gellert. Von Hänichen bey Freyberg.

Der König. Hat er nicht noch einen Bruder in Freyberg?

Gellert. Ja, Ihro Majestät.

Der König. Sage er mir doch, warum wir keine gute teutschen Schriftsteller haben?

Der Major Quintus Icilius. Ihro Majestät sehen hier einen vor sich, den die Franzosen selbst übersetzt haben, und den teutschen La Fontaine nennen.

Der König. Das ist viel. Hat er den La Fontaine gelesen.

Gellert. Ja Ihro Majestät, aber nicht nachgeahmet. Ich bin ein Original.

Der König. Gut, das ist einer, aber warum haben wir denn nicht mehr gute Autores?

Gellert. Ihro Majestät sind einmal gegen die Teutschen eingenommen, ---

Der

Der König. Nein, das kan ich nicht sagen, ---

Gellert. Wenigstens gegen die teutschen Schriftsteller.

Der König. Das ist wahr. Warum haben wir keine guten Geschichtschreiber?

Gellert. Es fehlet uns auch daran nicht. Wir haben einen Mascov, einen Cramer, der den Bossuet fortgesetzet hat.

Der König. Wie ist das möglich, daß ein Teutscher den Bossuet fortgesetzet hat?

Gellert. Ja, und glücklich; einer von Ihro Majestät gelehrtesten Professoren hat gesagt, daß er ihn mit eben der Beredsamkeit und mit mehrerer historischen Richtigkeit fortgesetzt hat.

Der König. Hat es der Mann auch verstanden?

Gellert. Die Welt glaubts.

Der König. Aber warum macht sich keiner an den Tacitum, den sölte man gut übersetzen?

Gellert. Tacitus ist schwer zu übersetzen, und wir haben auch schlechte französische Uebersetzungen von ihm.

Der König. Da hat er recht.

Gellert. Und überhaupt lassen sich verschiedene Ursachen angeben, warum die teutschen noch nicht in allen Arten guter Schriften

ten sich hervor gethan haben; da die Künste und Wissenschaften bey den Griechen blüheten, führten die Römer noch Kriege. Vielleicht ist jetzt das kriegerische Seculum der Teutschen. Vielleicht hat es ihnen auch an Augusten und Louis XIV gefehlet.

Der König. Er hat ja zwey Auguste in Sachsen gehabt.

Gellert. Wir haben auch in Sachsen einen guten Anfang gemacht.

Der König. Wie, will er denn einen August in ganz Teutschland haben?

Gellert. Das eben nicht; ich wünsche nur daß ein jeder Herr in seinen Landen die guten Genies aufmunterte.

Der König. Ist er gar nicht aus Sachsen wegkommen?

Gellert. Ich bin einmal in Berlin gewesen.

Der König. Er solte reisen.

Gellert. Jhro Majestät, dazu fehlt mir Gesundheit und Vermögen.

Der König. Was hat er denn für eine Kranckheit? etwa die gelehrte?

Gellert. Weil sie Jhro Majestät selbst so nennen, so mag sie so heissen, in meinem Munde würde es zu stolz geklungen haben.

Der König. Ich habe sie auch gehabt, ich will ihn curiren. Er muß sich Bewegung

ma

machen, alle Tage ausreiten, und alle Woche Rhabarbar nehmen.

Gellert. Diese Cur möchte wohl eine neue Krankheit für mich seyn. Wenn das Pferd gesunder wäre, als ich, so würde ich solches nicht reiten können, und wäre es eben so krank, so würde ich auch nicht fort kommen.

Der König. So muß er fahren.

Gellert. Dazu fehlt mir das Vermögen.

Der König. Ja, das ist wohl wahr, das fehlet immer den Gelehrten in Deutschland. Es sind wohl jetzo böse Zeiten.

Gellert. Ja wohl, und wenn nur Ihro Majestät Deutschland den Frieden geben wolten.

Der König. Wie kan ich denn? hat er es denn nicht gehöret, es sind ja dreye wider mich.

Gellert. Ich bekümmere mich mehr um die alte als neue Geschichte.

Der König. Was meynet er, wer ist schöner in der Epopée, Homer oder Virgil?

Gellert. Homer scheinet wohl den Vorzug zu verdienen, weil er das Original ist.

Der König. Aber Virgil ist viel polirter.

Gellert. Wir sind zu weit vom Homer entfernet, als daß wir von seiner Sprache und Sitten richtig genug solten urtheilen können,

ich

ich traue darin dem Quintilian, welcher Homerd den Vorzug giebt.

Der König. Man muß aber auch nicht ein Sclave von den Urtheilen der Alten seyn.

Gellert. Das bin ich nicht. Ich folge ihnen nur alsdann, wenn ich wegen der Entfernung nicht selbst urtheilen kan.

Der Major Quintus Jcilius. Er hat auch deutsche Briefe herausgegeben.

Der König. So, hat er denn auch wider den Stylum Curiae geschrieben?

Gellert. Ach ja, Ihro Majestät.

Der König. Aber warum wird das nicht anders? Es ist was verteufeltes, sie bringen mir ganze Bogen, und ich verstehe nichts davon.

Gellert. Wenn es Ihro Majestät nicht ändern könnten, so kan ich es noch weniger. Ich kan nur rathen, wo Sie befehlen —

Der König. Kan er keine von seinen Fabeln auswendig?

Gellert. Ich zweifle. Mein Gedächtniß ist mir sehr ungetreu.

Der König. Besinne er sich, ich will unterdessen herum gehen — Nun hat er eine?

Gellert. Ja, Ihro Majestät.

Ein kluger Mahler in Athen,
Der minder, weil man ihn bezahlte,

Als weil er Ehre suchte, mahlte,
Lies einem Kenner einst den Mars im Bilde sehn,
Und bat sich seine Meynung aus.
Der Kenner sagt ihm frey heraus,
Daß ihm das Bild nicht ganz gefallen wolte,
Und daß es, um recht schön zu seyn,
Weit minder Kunst verrathen solte.
Der Mahler wande vieles ein:
Der Kenner stritt mit ihm aus Gründen,
Und kont ihn doch nicht überwinden.

Gleich trat ein junger Geck herein,
Und nahm das Bild in Augenschein.
O, rief er bey dem ersten Blicke.
Ihr Götter, welch ein Meisterstücke!
Ach welcher Fus! O wie geschickt
Sind nicht die Nägel ausgedrückt!
Mars lebt durchaus in diesem Bilde.
Wie viele Kunst, wie viele Pracht
Ist in dem Helm und in dem Schilde,
Und in der Rüstung angebracht.

Der Mahler ward beschämt gerühret.
Und sah den Kenner kläglich an.
Nun, sprach er, bin ich überführet;
Ihr habt mir nicht zu viel gethan.
Der junge Geck war kaum hinaus,
So strich er seinen Kriegsgott aus.

Der König. Und die Moral?
Gellert. Gleich, Ihro Majestät!

Wenn

Wenn deine Schrift dem Kenner nicht gefält;
So ist es schon ein böses Zeichen.
Doch wenn sie gar des Narren Lob erhält,
So ist es Zeit sie auszustreichen.

Der König. Das ist schön, recht schön; er hat so was galantes in seinem Wesen. Das verstehe ich alles. Da hat mir aber Gottsched eine Uebersetzung der Iphigenia vorgelesen, ich habe das französische dabey gehabt, und kein Wort verstanden. Er hat mir noch einen Poeten den **Pietsch** gebracht, den habe ich weggeworfen.

Gellert. Den werfe ich auch weg, Ihro Majestät.

Der König. Nein, wenn ich hier bleibe, so muß er öfter wieder kommen, und seine Fabeln mitbringen, und mir daraus vorlesen.

Gellert. Ich weis nicht, ob ich ganz gut lese, ich babe so einen singenden gebürgischen Ton.

Der König. Ja, so wie die Schlesier; nein, er muß seine Fabeln selbst lesen, sie verlieren sonst ihre Anmuth — Nun komme er bald wieder.

Dies ist die Unterredung, die der Weltweise von Sans-Souci damals mit dem Fabeldichter Deutschlands hatte. Als er sich beurlaubt hatte, lies sich der König gegen den Major **Quintus Icilius** der ihn vorgestellt und eingeführet hatte, mit den Worten heraus: **Das ist ein ganz anderer Mann als Gottsched.** Ja noch den andern Tag bey der Tafel sagte der König von ihm: **Er ist der vernünftigste unter allen deutschen Gelehrten.**

Man erlaube mir, daß ich meine Tischreden mit diesem Gespräch beschliessen darf. Wie leicht wäre es nicht, solche bis auf etliche Alphabete anwachsen zu lassen. Denn jedes Wort aus dem Munde dieses Weltweisen ist werth, der Vergessenheit entrissen zu werden. Doch wie gesagt, diese Blätter solten nur eine Probe seyn, und dazu sind sie lang genug. Möchte nur der erzürnte Himmel Europa den Frieden wieder schenken! Könte Friedrich nur das Schwerd, das er gezwungen führet, wieder in seine Scheide stecken, und mit Sieg umkränzt zu Sans-Souci in den Armen der Ruhe die Lorbeerbäume des Apollo benetzen, und in dem Schoose der Weltweisheit die ganze Annehmlichkeit des Friedens fühlen! Doch Friedrich streitet für die Nachwelt. Um ihres Besten willen opfert er seine Ruhe, seine Bequemlichkeit, seine Kräffte grosmüthig auf; und ist die jetzige Welt gleich grossen Theils zu undankbar, es zu erkennen, oder zu blind es erkennen zu können, so wird die künftige gewis erkentlicher seyn. Die wird sein Bild mit

mit immer grünen Lorbeern schmücken, es dankbar küssen und ausrufen: "Dies ist der "Erretter unserer Freiheit! Er gründete un= "sere Wohlfahrt! Ruhe sanft, grosmüthige "Asche! Jahrhundert von Jahrhunderten "werden dein Lob an allen vier Enden der "Erde wiedertönen lassen!

Nur Seelen, die von Neid und Leidenschaft ganz durchdrungen sind, können König Friedrich für den Anstifter eines Kriegs hal= ten, der Deutschland nun schon fünf Jahr mit blutigen Fustapfen durchwandelt. Es gehöret nur eine mäßige Kenntnis der Ge= schichte dazu, ihn von diesem verhaßten Vor= wurf frey zu sprechen. Aber oft haben die Züge der Dichtkunst, eine lehrreiche Fabel, mehr Eindruck auf ein von Vorurtheilen um= nebeltes Herz, als die allerschärfste Demon= stration. Komt her, ihr meine Zeitgenossen, die ihr so undankbar von dem philosophischen Held aus Sans=Souci urtheilet! komt her, leset und urtheilet!

Pruß und Thrax
eine Erzehlung.

Der weise Pruß und Thrax, unlängst erlauchte
    Feinde,
Die wurden nach dem Kampf durch Bund versöhnte
    Freunde.
Die Nachbarschaft zum Ueberfluß
Besiegelt diesen Friedensschluß;

Sie drohte mit dem Schwerd zu rächen,
Wenn einer diesen Bund wolt als Aggressor brechen.
Pruß, der, nach deutscher Art, auf Treu und
      Glauben hält,
Baut ruhig sein erworbnes Feld,
Jedoch wie jener auch, den Degen an der Seiten;
Dies ist die Mode unsrer Zeiten.
Thrax aber dreht und sträubet sich,
Die Rache quält ihn sichtbarlich.
Des vorgen eingedenk, noch furchtsam anzugreifen,
Begnügt er sich, heimlich den Pruß zu kneifen;
Verweilte Hülfe mehrt nur seine Ungedult.
Pruß hatte hier und da — Pruß hat an allem Schuld.
Schon schärft Thrax öffentlich die Waffen,
Schon legt er sein Geschoß an Brust und Kinback an,
So, daß er seinen Feind recht auf das Korn gewann.
Hier steht Pruß auf, der noch nicht eingeschlafen,
Er greift ans Degenheft; halt sagt er guter Freund,
Zuviel, schon längst zuviel, sonst — oder ich werd
      müssen —
Thrax setzt die Büchse ab; "es ist nicht bös gemeynt,
Ich wolte, Ta—ra—ra, ich wolte Schwalben schiessen.
Doch kaum hat Pruß den Blick zur Seiten hingetragen
Wird das Gewehr auf ihn von neuem angeschlagen.
Pruß sagt: "ey, was ist das? Das Wesen dult ich
      "nicht,
"Auf mich im Anschlag fertig liegen?
"Gib mir zum wenigsten, so laß ich mich begnügen,
"Ein Wort, ein Ehrenwort!" Die Antwort ist Ha, ha!
Zwey Schritte rückt ihm Pruß schon näher ins Gesicht,
Zwey aber in Gefahr aus Noth gewagte Schritte,
"Ein Wort, ein letztes Wort; sprich Nein, sprich oder
      Ja"
Die Antwort heist hum, hum; "Ein Thor, wenn
      ich es litte,"
Ruft Pruß und eilt auf ihn mit blossen Degen hin;
Ich wart nicht bis ich todt, bis ich verwundet bin."

      Der

Der Pöbel, Richter solcher Fälle,
Sieht einen Friedensbruch, fragt, wer Aggressor war?
Dort schreyt aus vollem Hals des **Thrax** leibeigne
Schaar,
Pruß ist Aggressor sonnenhelle!
Jedweder sieht, er that den ersten Schritt,
Buchstäblich bringet dies das Wort Aggressor mit;
Thrax nicht, wir sahen es ja, er ging nicht von
der Stelle.
Doch mitten im Tumult erblickt ich einen Alten,
Dem Schein nach hätt ich ihn für **Grotius** gehalten;
Der schüttelt mit dem Kopf und zeigt mit der Hand,
Sein ewig Völkerrecht, wo er das Blat gefalten:
Schon steht es in dem Text *) noch schrieb er an den
Rand:
Wenn Gut und Blut im Mittel stehen,
So gilt kein Wortspiel mehr, man muß auf
Sachen sehen.

Ode
an die Preussische Armee.

Unüberwundenes Heer! mit dem Tod und Verderben
In Legionen Feinde bringt,
Um das der frohe Sieg die güldene Flügel schwingt;
O Heer! bereit zu siegen oder sterben.
Sieh! Feinde deren Last die Hügel fast versinken,
Den Erdkreis beben macht,
Ziehn gegen dich, und drohn mit Qual und ewiger
Nacht;
Das Waffer fehlt, wo ihre Rosse trinken.
Der dürre schiele Neid treibt niederträchtge Schagren
Aus West und Süd heraus.
Und Nordens Höhlen speyn, so wie des Osts,
Barbaren
Und Ungeheur, dich zu verschlingen, aus.

So

*) **Hugo Grotius** sagt in seinem Natur- und
Völckerrecht über Krieg und Frieden, B. 2. C.
1. §. 2. Prima igitur caussa iusti belli est iniu-
ria nondum facta, quæ petit corpus aut rem.

So tobt ein Flammenmeer, das aus Vesuvens Wunde
Sich donnernd in das Feld ergießt,
Mit dem Furcht und der Tod in Städt und Dörfer fließt;
Das Wasser flieht das Land, und kocht auf heissem Grunde.

Verdopple deinen Muth, o Heer! der Feinde Fluthen
Hemmt Friedrich, und dein starcker Arm,
Und die Gerechtigkeit verjagt den tollen Schwarm;
Sie blitzt durch dich auf ihn, und seine Rücken bluten.

Die Luft wird deinen Ruhm zur späten Nachwelt wehen,
Die klugen Enkel ehren dich,
Ziehn dich den Römern vor, dem Cäsar Friederich,
Und Böhmens Felsen sind dir ewige Tropheen.

Nur schone, wie bisher im Lauf von grossen Thaten,
Den Landmann, der dein Feind nicht ist!
Hilf seiner Noth, wenn du dazu vermögend bist!
Das Rauben überlaß den Feigen und Croaten.

Ich seh! ich sehe schon! freuet euch, o Preußens Freunde,
Die Tage deines Ruhms sich nahn.
In Ungewittern ziehn die Wilden stoltz heran;
Doch Friedrich winket dir, wo sind sie nun, die Feinde?

Du eilest ihnen nach, und drückst in schweren Eisen
Den Tod tief ihren Schedeln ein,
Und kehrst voll Ruhm zurück, die Deinen zu erfreun,
Die jauchzend dich empfahn, und ihre Retter preißen.

Auch ich, ich werde noch, vergönn es mir o Himmel!
Einher vor wenig Helden ziehn,
Ich seh dich, stoltzer Feind, den kleinen Haufen fliehn',
Und find Ehr oder Tod im rasenden Getümmel.